Contes pour Enfants sages

Adaptation de J. BARNABE

Hemma

LA BELLE AU BOIS DORMANT

Il était une fois, un roi et une reine qui désespéraient d'avoir jamais un enfant. Un crapaud dit un jour à la reine :

– Vos désirs vont se réaliser, madame. D'ici un an, vous serez maman d'une ravissante princesse.

La vie donna raison au crapaud. La reine mit bientôt au monde une adorable petite fille. Une grande fête fut organisée. Toutes les bonnes fées du royaume se penchèrent, à tour de rôle, sur le berceau. Elles donnèrent chacune à l'enfant une qualité bien définie.

Survint alors une fée, furieuse de ne pas avoir été invitée. C'était un oubli. Mais elle jeta un mauvais sort au bébé.

– La princesse se piquera à un fuseau et mourra ! dit-elle.

– Non, répliqua une fée qui n'avait pas encore formulé son vœu ; elle dormira pendant cent ans.

Le roi et la reine firent tout ce qui était en leur pouvoir pour protéger leur enfant de ce maléfice à demi effacé. Mais que faire contre la curiosité d'une jeune fille de quinze ans ?

La princesse décida un jour de visiter le château. Tout en haut, dans une tour, une vieille se servait d'un rouet.

La princesse voulut apprendre à filer. Mais elle se piqua le doigt et tomba aussitôt dans un profond sommeil.

Le sommeil gagna aussi les habitants du château. Les épines poussaient, entourant la demeure de la Belle au bois dormant. Au bout de cent ans, survint un jeune prince.

Il avait entendu parler de la princesse endormie. Il se fraya un chemin jusqu'au château. Découvrant enfin la princesse, si belle, le prince ne put résister au désir de l'embrasser. A cet instant, tout se remit à vivre autour d'elle.

Le roi, la reine et tous les courtisans sortirent de leur long sommeil, et chacun reprit ses occupations comme si cent ans ne s'étaient pas écoulés. Un mariage fut célébré. Devinez lequel…

BENJAMIN
ET LES PETITS COCHONS

Chaque fois que Benjamin entrait dans l'étable, les animaux se précipitaient pour l'accueillir.

– Tiens, Jeannot, voilà des carottes... Et voici des grains pour Caquette.

Ils étaient heureux d'être si bien soignés.

Mais une nuit, un loup parvint à se glisser dans l'étable.

– Qu'allons-nous devenir ? cria Caquette aux cochons qui essayaient de bloquer courageusement la porte.

Benjamin avait heureusement entendu le vacarme.
– Que se passe-t-il en bas?... Attendez-moi! J'arrive!
Mais le petit chien de Benjamin n'était pas aussi courageux.

Quand Benjamin arriva dans l'étable, elle était sens dessus dessous. Le vilain loup avait attrapé Pig, le cochon, et le traînait jusqu'à la porte.

– On va voir ce qu'on va voir! tonna Benjamin en empoignant la grande fourche. Et il poussa le loup dans un coin.

– Tu vas sortir d'ici, vilaine bête ? Ma fourche est bien plus pointue que tes mauvaises dents ! Déguerpis à l'instant !

Alors, le loup s'enfuit, pour la joie des amis de Benjamin qui n'avaient jamais vu de leur vie un loup si effrayé.

– Youpee! Nous avons chassé le méchant loup, chantèrent Benjamin et ses compagnons.
Et ils battaient des mains en pensant à la grande peur qu'ils avaient faite au loup.

LE PIQUE-NIQUE

Pierrette et Pierrot sont partis en voiture de grand matin pour aller pique-niquer en forêt.

– Quel festin nous allons faire! pense Pierrette en déballant les délicieux sandwiches qu'elle a préparés.
Ils passent, en effet, une journée fort agréable.

Mais en partant, ils oublient d'éteindre le feu qu'ils avaient allumé. Le vent se met à souffler et ranime les flammes qui s'élèvent bientôt, menaçantes.

Les animaux de la forêt sont effrayés.
Vite ! crient-ils ; éteignons ce feu, sinon, toute la forêt va brûler !

Déjà, les flammes se communiquent aux buissons voisins...
Tous les animaux unissent leurs efforts pour apporter de l'eau puisée à la rivière.

Pierrette et Pierrot se rendent compte avec horreur que la forêt est en train de brûler à cause de leur négligence. Quel désastre! Les arbres flambent comme des torches!

Les enfants aident les animaux à porter de l'eau ; mais le feu continue. Par chance, une grosse averse survient et éteint l'incendie.

Depuis cette malheureuse aventure, Pierrette et Pierrot passent tous leurs congés dans la forêt. Aidés par les animaux, ils plantent des jeunes arbres pour remplacer ceux que l'incendie a détruits.

BENJAMIN ET LE POISSON FARCEUR

Tôt levé ce matin-là, Benjamin décida d'aller à la pêche. Il prit son filet, sa canne à pêche et son panier.

Bientôt, il s'arrêta tout au bord de l'étang. Il pensa :

– Voilà un bien joli coin pour jeter ma ligne ! Je vais prendre un petit ver et préparer mon hameçon.

A cet endroit, il y avait beaucoup de poissons. Le plus gourmand d'entre eux ouvrait déjà la bouche toute grande, quand il entendit :

– Non !... attention ! c'est un piège.

C'était son compagnon rusé qui avait aperçu le fil de la ligne. Mais le poisson aimait aussi faire des plaisanteries. Il dénicha au fond de l'eau un vieux soulier qu'il réussit à accrocher à l'hameçon.

– J'ai une bonne prise, entendit-on de l'autre côté. Et Benjamin se mit à tirer de toutes ses forces... Quelle déception de voir une vieille bottine au bout de sa ligne !

Le petit poisson farceur riait tellement qu'il faisait des bonds dans l'eau.

– Coquin, je vais t'attraper, lui dit Benjamin en saisissant son filet.

– Pitié ! supplia le poisson en se retrouvant prisonnier. C'est promis, je ne te jouerai plus de tour... S'il te plaît, rejette-moi à l'eau.

Benjamin eut pitié de lui. Depuis ce jour, il ne vint plus jamais à l'étang pour pêcher. Mais son ami, le poisson, lui fit découvrir les mille merveilles du fond de l'eau.

CENDRILLON

– Cendrillon, cire mes chaussures !
– Cendrillon, peigne mes cheveux !
– Cendrillon, viens ici !
– Cendrillon, fais cela...

Ainsi, Cendrillon, toujours vêtue de haillons, était-elle traitée par sa belle-mère et ses deux demi-sœurs.

Ce soir-là, au palais, le roi donnait une grande fête en l'honneur de son fils qu'il voulait marier. Cendrillon aurait bien aimé assister à ce bal. Mais on le lui avait interdit.

Seule, la jeune fille vit soudain apparaître la bonne fée, sa marraine. D'un coup de baguette magique elle la vêtit de la plus jolie robe qui soit. Comme par enchantement, des ratons devinrent de superbes chevaux, et une citrouille se changea en carrosse prêt à emmener Cendrillon au bal.

– Reviens à minuit, dit la fée à Cendrillon.

Dès son entrée au palais, Cendrillon fit l'admiration de tous, y compris du prince tombé aussitôt amoureux de cette mystérieuse inconnue.

L'une des méchantes sœurs crut reconnaître Cendrillon.

– Impossible, lui dit sa mère. Cendrillon ne possède pas de toilette aussi élégante. Elle n'a que des guenilles.

Quand sonnèrent les douze coups de minuit, Cendrillon s'enfuit si précipitamment qu'elle perdit une de ses petites chaussures de vair.

Le lendemain, le prince se rendit de maison en maison et demanda à toutes les jeunes filles d'essayer l'escarpin. Seule, Cendrillon put y glisser le pied.

– La voilà, ma jeune inconnue, la reine de la fête! s'exclama le prince fou de joie.

La marâtre et ses filles se repentirent d'avoir fait tant de mal à Cendrillon et lui demandèrent pardon.
Cendrillon pardonna, car elle était bonne.

Peu de temps après, le prince épousa sa princesse au petit pied.

LES ÉCUREUILS SANS LOGIS

Maman écureuil et ses petits n'ont plus de logis et ne savent où aller, car un méchant bûcheron a coupé l'arbre dans lequel ils habitaient.

Voici justement le fameux bûcheron. Il est content de son travail et bien décidé à abattre tous les arbres de la forêt.

Il ne s'inquiète pas de savoir si les arbres sont habités ou non.
Que de gentils écureuils ou d'autres petits animaux y aient installé leur nid, il s'en moque!

– Attention, ma voisine! Voici le très méchant bûcheron! Sauvons-nous!

Un écureuil, qui fait sa ronde dans la forêt, voit le bûcheron s'apprêtant à couper un arbre.
– N'as-tu pas honte de ce que tu fais ? lui demande-t-il.

Et une maman écureuil :
– Ma maison est dans cet arbre. Si tu le coupes, mes petits seront sans abri.
– Je ne le savais pas. Pardon!

Depuis ce jour, les petits écureuils marquent les arbres inhabités. Le bûcheron peut les abattre. Ainsi, il a du bois sans que les animaux voient leur habitation détruite.

Maintenant, les petits animaux de la forêt vivent heureux et en paix. Ils aident même le brave bûcheron dans son travail et tout le monde est content. Ils sont amis.

L'ÂNON ET LA PETITE VOITURE

Michel habite une maisonnette à la campagne. Il aime beaucoup la nature et le travail des champs. Pour vivre, il cultive des légumes que Bichou, son petit âne, porte au marché.

Mais personne n'est jamais content de ce qu'il a, et Michel pense bien souvent :
– Cet âne est fort lent et ne sait pas transporter grand-chose.

Je devrais m'acheter une petite voiture d'occasion. Il y en a de si jolies! Ce serait pratique pour transporter les légumes et puis, je pourrais faire des voyages magnifiques.

Un beau jour, Michel achète une petite auto. Il abandonne Bichou et part pour la ville avec deux petits amis.

Le temps est splendide. Michel et ses copains sont joyeux et pleins d'entrain. Mais Bichou, qui reste seul dans la prairie, a le cœur tout triste en les voyant s'éloigner.

Une voiture d'occasion n'offre pas que des agréments et Michel l'apprend bientôt.

Comme il roule sur une mauvaise route, il entend soudain un craquement…

La petite voiture perd des pièces en roulant, et c'est la panne. Michel essaie de réparer, mais il n'y parvient pas. Le moteur refuse de tourner. Il faut appeler une dépanneuse.

– Mon pauvre Bichou ! j'ai été bien sot de t'abandonner. Toi, avec un peu d'avoine, tu vas partout et tu ne tombes jamais en panne. Ce n'est pas comme cette auto de malheur ! dit Michel. Pardon !

PITOU

Pitou est un petit lutin qui habite un gros champignon dans la forêt. Ce champignon est une charmante demeure, très confortable. Pitou la partage avec ses petits amis.

Chaque matin, tout le monde se lève de bonne humeur et court se laver au ruisseau. Puis, on fait le ménage. Regardez avec quel entrain on fait la lessive!...

Le ménage fini, on a tout le temps pour s'amuser. Et ce sont des rires, des poursuites et des jeux tout le restant de la journée.

Pourtant, il y a un ennui : Pitou n'est pas satisfait de sa petite taille. Il va donc trouver un jour le magicien Caracol et lui dit :

– Je voudrais grandir; peux-tu faire quelque chose?

Le magicien lui donne un petit flacon et, à peine Pitou en a-t-il bu une gorgée, qu'il se met à grandir d'une façon incroyable.

Mais notre petit étourdi n'a pas réfléchi à ce qu'il demandait. Maintenant, il est trop grand pour rentrer dans sa maison. Ses petits amis ont peur de lui et se cachent.

Penaud, Pitou retourne chez le magicien.
– J'ai été bien sot, lui dit-il, je ne peux plus entrer chez moi, et mes amis ont peur. Peux-tu me rendre ma taille normale?

Heureusement, le magicien peut réaliser ce désir. Pitou a compris la leçon, et depuis lors, il est parfaitement heureux de sa petite taille.

TABLE DES MATIERES

Dépôt légal: 03.03/0058/019
N° d'impression: 5413.0303
Imprimé en Belgique